Original en couleur

NF Z 43-120-8

SCEAUX DES PRIEURS ANGLAIS

DE L'ORDRE DE L'HÔPITAL

AUX XIIᵉ ET XIIIᵉ SIÈCLES

PAR

J. DELAVILLE LE ROULX

Extrait des Mélanges d'archéologie et d'histoire
publiés par l'Ecole Française de Rome.
T. I, p. 369-380.

ROME
IMPRIMERIE DE LA PAIX
1881

Couverture inférieure manquante

DES

SCEAUX DES PRIEURS ANGLAIS

DE L'ORDRE DE L'HÔPITAL

AUX XIIe ET XIIIe SIÈCLES

PAR

J. DELAVILLE LE ROULX

Extrait des Mélanges d'archéologie et d'histoire
publiés par l'École Française de Rome.
T. I, p. 369-380.

ROME
IMPRIMERIE DE LA PAIX
1881

DES SCEAUX DES PRIEURS ANGLAIS

DE L'ORDRE DE L'HÔPITAL AUX XIIᵉ ET XIIIᵉ SIÈCLES.

Nous nous proposons d'étudier plusieurs sceaux des prieurs anglais de l'Ordre de l'Hôpital de Saint-Jean de Jérusalem, conservés au British Museum. Une telle étude, qui n'a pas encore été faite, peut servir à fixer les règles auxquelles étaient soumises les représentations sigillographiques des dignitaires anglais de l'Hôpital, et apporter non-seulement à cette chronologie particulière, mais aussi à l'histoire générale d'Angleterre, des éléments et des noms nouveaux.

Nous avons eu récemment ailleurs l'occasion de déterminer les caractères et de décrire les principaux types des sceaux de l'Ordre de l'Hôpital (1) ; mais la sigillographie des prieurs anglais était restée en dehors du cadre de ce travail, par la nature même du document autour duquel s'étaient groupés les résultats de nos recherches. Nous nous proposons de réunir aujourd'hui ce que nous savons de l'existence et du développement de la chancellerie du prieuré d'Angleterre.

L'Ordre de l'Hôpital fit son apparition en Angleterre en 1101 ; il y grandit et s'y étendit jusqu'à l'époque de la Réforme. Henri VIII confisqua ses biens en 1540 ; restauré sous le règne de Marie

---

(1) *Note sur les sceaux de l'ordre de Saint Jean de Jérusalem,* dans les *Mémoires de la Société nationale des Antiquaires de France,* 1881, p. 53-82.

(2 avril 1557), il vit bientôt Elisabeth annexer ses possessions à la couronne d'Angleterre, et consommer ainsi sa ruine (1).

Nous ne prétendons pas étudier tous les sceaux émanés des chevaliers anglais de l'Hôpital; nous rappellerons seulement que, si l'on retrouve sur la plupart certains emblèmes plus spéciaux aux Hospitaliers, aucune règle fixe ne présidait cependant à la confection de leurs sceaux, qui, ayant un caractère tout-à-fait individuel, étaient soumis à toute la fantaisie de leurs possesseurs. Il n'en est pas de même des sceaux officiels dont se servaient certains fonctionnaires de l'Ordre. Ceux là devaient nécessairement, par leur destination même, ne pas s'écarter d'un type fixe, afin que quiconque contractait avec un de ces fonctionnaires pût, à l'apposition du sceau, reconnaître que l'Ordre subsistait toujours, quel que fût son représentant au moment de la conclusion du contrat. Tels sont les sceaux des prieurs d'Angleterre. Ils obéissent à certaines règles, ils suivent certaines traditions déterminées que nous allons exposer.

Au XIIe siècle, le sceau du prieur de l'Hôpital anglais est un grand sceau rond, en cire rouge, sans contre-sceau. Le type représenté figure un suppliant à genoux, les mains tendues ou levées vers une croix à double branche, avec l'α ω et quelquefois une salutation à la croix, inscrite entre les branches. La légende, gravée en gros caractères entre deux cercles concentriques, contient généralement : + S. . . . . . N. . . . . . PRIORIS FRATRUM HOSPITALIS IN ANGLIA (2). — A la fin du XIIe et au commencement du XIIIe siècle, la cire devient jaune ou verte, et un contre-sceau apparait, représentant une tête de saint Jean de face, chevelue et barbue, d'un haut-relief, sans nimbe, généralement accostée d'une étoile

____

(1) *The english or sixth Langue of the Order of the hospital of S. John of Jerusalem*, London, 1880, *passim*. — (2) V. notre Catalogue, n^{os} I, II, III *a*.

et d'un croissant, et entourée de deux cercles concentriques entre
lesquels se déroule une légende (1).

Ces derniers sceaux marquent une transition dans le type; car,
avec le xiiie siècle, les éléments constitutifs se modifient profon-
dément. La couleur de la cire change : elle devient invariablement
verte, et l'usage du contre-sceau s'établit définitivement. La représentation du suppliant tend à disparaître pour être remplacée
par celle de la tête de saint Jean barbue et à longs cheveux.
Celle-ci figure, à l'état de sceau ou de contre-sceau, sur toutes
les représentations sigillographiques du xiie siècle que nous avons
pu étudier. Tout sceau anglais reproduit à cette époque sui une
de ses faces le type de la tête de saint Jean; l'autre face était
réservée, au moins en ce qui touche le sceau du prieur, à une
représentation plus personnelle; c'est ainsi que nous y voyons
figurer le Bon Pasteur avec l'Agneau, aussi bien que le " crest "
du prieur (2).

Il nous reste à mentionner deux sceaux, tout-à-fait différents,
l'un de Garnier de Naplouse, l'autre de R. de Veer. Le caractère
en est tout spécial; ce sont les sceaux individuels et particuliers
des prieurs, et, à ce titre, ils sont au type monogrammatique ou
armorial (3).

Le mode d'attache du sceau ne varie pas beaucoup; la plupart
de ceux que nous avons vus sont scellés sur double queue de
parchemin, un petit nombre sur simple queue, un seul sur corde,
comme les bulles de plomb des grands-maîtres (4).

Quant au titre pris par le prieur dans l'acte auquel est ap-

(1) V. le Catalogue, n° IV *a*. Cette figure se retrouve dans nombre
de monnaies de l'ordre de Malte ; mais la tête est toujours vue de trois
quarts ou de profil, étendue horizontalement sur un plat, jamais de
face. — Voyez P. G. F. Furse, *Il medagliere Gerosolimitano*, Malta,
1864, *passim*. — (2) Catalogue, n°s V, VI, VII. — (3) Catalogue, n°s III *b*
et VIII. — (4) Sceau de Garnier de Naplouse (1185). Voir notre Catalogue, n° III *a*.

pendu son sceau, il est généralement, au xiie siècle : *N...*, *Jero-
solimitani hospitalis servus et fratrum qui in Anglia sunt prior.*
Avec le xiiie siècle, le mot *servus* tend à disparaître, et la for-
mule devient: *magister fratrum S. Hosp. Jerusalem in Anglia*,
ou plus souvent: *fratrum hospitalis Jerusalem humilis prior in
Anglia* (1). Elle tend encore à se simplifier à mesure qu'on avance
dans le xiiie siècle, et, en 1272, nous la trouvons réduite à ces
mots: *R. prior Hospitalis in Anglia* (2). Souvent aussi le titre
de *praeceptor* est employé comme synonyme de *prior* (3).

Après avoir établi les règles de la sigillographie en Angleterre,
il nous reste à tirer les conséquences que l'étude de ces monu-
ments sigillographiques a pu nous fournir. Elles sont de plus
d'une sorte.

La liste des prieurs anglais est fort incomplète; celle que
Dugdale a donnée dans son *Monasticon anglicanum*, et celle qui
a été récemment dressée par les soins de l'Ordre de l'Hôpital
actuellement existant en Angleterre (4), ne commencent qu'à
Garnier de Naplouse. Nous croyons cependant qu'on peut la faire
remonter plus haut, et notamment mettre en tête les noms de
Gautier et de Raoul de Dina (5). En présence de documents non
datés, comme ceux qui nous donnent les noms de ces deux prieurs,
nous devons nous en tenir aux caractères paléographiques et sigillographiques comme éléments critiques; or un examen attentif
des actes et des sceaux de ces deux personnages nous a convaincu
qu'ils appartenaient au xiie siècle; et comme d'autre part on verra
plus bas que, depuis Garnier de Naplouse jusqu'au xiiie siècle

---

(1) Nous avons tiré ces formules de l'examen des chartes qui ac-
compagnent les sceaux décrits au Catalogue. — (2) Rymer, *Foedera* I,
pars II, 124. — (3) British Museum, *Add. Chart.* 7208; *Cott. Chart.*
VII, 5. — *Rot. Chart.* I, pars I, 181 *b; Rot. litt. pat.* I, pars I, 173. —
(4) Dugdale, *Monast. Angl.* VI, pars II, 801. — *The English or sixth
Langue*, etc., p. 33 sq. — (5) Voir le Catalogue, aux n^{os} I et II.

la chronologie des prieurs a pu être fixée sans lacunes, il faut de toute nécessité conclure que Gautier et Raoul de Dina ont vécu avant lui.

Nous ne pouvons fixer exactement l'époque de la nomination de Garnier de Naplouse comme prieur d'Angleterre. Si nous n'accordons pas une entière confiance à un document qui la fait remonter aux environs de 1180 (1), nous avons du moins une pièce originale, du 10 avril 1185, dans laquelle il figure en qualité de prieur d'Angleterre (2). Les recherches de M. Herquet, jointes aux documents de 1189 et de 1190 que nous avons étudiés, ne laissent aucun doute sur ce fait qu'Alan fut le successeur immédiat de Garnier, et que la transmission des fonctions eut lieu à la fin de 1189 ou au commencement de 1190 (3). De cette époque à septembre 1199, il semble impossible qu'aucun autre qu'Alan ait occupé la dignité de prieur, malgré l'affirmation de Dugdale, qui fixe au 16 avril 1195 la nomination d'Alan à l'évêché de Bangor, et sa mort à l'année suivante (4). On ne peut admettre ni qu'il ait rempli concurremment les deux charges, ni qu'il ait renoncé au siége épiscopal pour se consacrer tout entier aux fonctions de prieur, ni surtout qu'il soit mort avant septembre 1199, époque à laquelle il présidait le chapitre provincial des Hospitaliers. On ne peut pas non plus supposer, avec les auteurs de

(1) *Monast. angl.* ii, 550, col. i, cité par K. Herquet, *Chronologie der Grossmeister des Hospitalordens während der Kreuzzüge*, Berlin, 1880, p. 27. — (2) British Museum, Harl. Chart. 43, i, 38. — K. Herquet, *loco citato* (voir le Catalogue, n° iv *a* et *b*). — (3) On a beaucoup discuté la question de savoir si le prieur d'Angleterre et le grand-maître de l'Hôpital qui portèrent le nom de Garnier de Naplouse étaient réellement un seul et même personnage. Nous croyons, sans entrer dans une discussion étrangère au sujet qui nous occupe, qu'il faut adopter cette opinion; à défaut de preuves décisives, elle semble tout au moins plus que vraisemblable. — (4) Dugdale, *Monast. angl.* vi, 1297.

la nouvelle liste des prieurs anglais, qu'il n'ait été que prieur conventuel de Clerkenwell; les sceaux lui donnent le titre de *prior hospitalis in Anglia* (1).

Il est embarrassant aussi de déterminer le rang de Richard Turc. Un acte émané de lui, que nous avons étudié, doit être attribué aux dernières années du xiie siècle. Le *Monasticon anglicanum* fait vivre ce personnage après 1190; il est donc vraisemblable qu'il doit être rangé après Alan et avant Robert le Trésorier.

Ce dernier nous est mieux connu. En parcourant les mentions fournies par les grandes collections diplomatiques anglaises, nous avons trouvé Robert le Trésorier avec le titre de prieur d'Angleterre dès le 18 mai 1204. Il est plus difficile de dire quand son successeur, dont le nom commençait aussi par la lettre R, le remplaça. Un acte de 1207 (5 septembre), confirmé en 1271, fait mention de Roger de Veer, prieur de l'Hôpital, et nous donne ainsi la date extrême du priorat de Robert le Trésorier. Jusqu'au 1er janvier 1214, nous avons des mentions de Roger de Veer avec le titre de prieur (2). Nous ne savons pas quand il cessa ses fonctions; mais, en mars et avril 1216, le prieur d'Angleterre était Henri d'Arundel (3), et la même année, dès le mois de septembre, il était remplacé par Hugues d'Aulnay. Nous pouvons ainsi, grâce à deux documents diplomatiques, fixer une date à son priorat, rétablir le rang dans lequel on doit le classer chronologiquement (4), et constater que la liste de Dugdale et la nouvelle liste sont fort inexactes pour toute cette période.

(1) *The english or sixth Langue*, etc., p. 34. — (2) *Rotuli chartarum* I, pars I, 134; *Rot. litt. patentium* I, pars I, 91 *b*, 107; *Rot. litt. clausarum*, 92 *b*. — Public Record office, *Charter Rolls*, 55 Hen. III, part I, memb. 3. — (3) *Rot. litt. pat.* I, pars I, 173-4. — (4) *Rot. litt. pat.* I, pars I, 195. — Il reste deux points à éclaircir. Le premier est la présence en 1208 d'un prieur appelé Willelmus de Vileriis;

Un autre prieur d'Angleterre, dont le nom ne figure pas dans Dugdale, et que la nouvelle liste place aux dernières années du XIIIe siècle, Robert de Dina, doit être rangé avant Thierry de Nussa. Nous avons un document de 1225 qui le désigne par l'initiale R, un acte de 1226 qui le mentionne en l'appelant Robertus de *Diva*, et une pièce de 1229 qui lui donne son véritable nom (1).

Sur un point encore nous pouvons prendre en défaut le *Monasticon anglicanum*, qui fait mourir le prieur Robert de Veer le 15 février 1270, tandis que Rymer et un acte scellé du British Museum nous le montrent prieur d'Angleterre en août 1272 (2).

L'existence du prieur Guillaume de Henleye n'est pas mieux déterminée. La nouvelle liste le fait mourir en 1284; Dugdale indique qu'il vivait encore en 1288. Des documents originaux du Public Record office de 1285 et de 1290 prouvent que les deux dates sont erronées, et qu'il convient de reporter sa mort après 1290 (3).

l'acte de 1208 qui le mentionnne (*Rot. chart.* I, pars I, 178 *b*) est une confirmation, relative probablement à une concession antérieure. Nous trouvons dans les listes des prieurs le nom de Gilebertus de Veer, mentionné à tort en 1195 par Dugdale (*Monast. angl.* VI, pars II, 801); ce nom, diversement orthographié, *Vere*, *Ver*, *Veer*, ne serait il pas une corruption de Willelmus de Vileriis? — Le second point n'est pas moins difficile: c'est la présence en 1208 d'un *praeceptor domus Hospitalis Jerus. in Anglia* du nom d'Alan (*Rot. chart.* I, pars I, 181 *b*); si l'on tient compte de l'habitude constante alors d'appeler indifféremment le prieur *prior* ou *praeceptor*, on est obligé d'admettre l'existence d'un prieur de ce nom en 1208, ce qui parait impossible. — (1) *Rot. litt. claus.* II, p. 150 *b*. — P. Record office, *Charter rolls*, 14 Hen. III, part I, memb. 8. — Rymer, *Foedera* I, 275 (édition de 1704). — (2) Dugdale, *Monast. angl.* I, pars II, p. 801. — Rymer, *Foedera* I, pars II, 124. — British Museum, *Harl. chart.* 44 E. 22. — Voir notre Catalogue, n° VIII. — (3) Dugdale, *Monast. angl.* VI, pars II, 801. — *The english or sixth Langue*, p. 35. — P. Record office, *Charter rolls*, 18 Edw. I, n° 80, memb. 19; *Close rolls*, 13 Edw. I, memb. 13, dorso.

Si le lecteur jette un coup d'œil sur le chemin parcouru, il s'apercevra qu'il reste beaucoup encore à explorer ; mais il reconnaîtra en même temps que notre examen n'a pas été sans utilité : peut-être avons-nous déblayé la voie pour ceux que tentera le désir de redresser absolument la chronologie des prieurs anglais de l'Ordre de l'Hôpital.

CATALOGUE

I. — Rad[ulphus] de Dina (xiie siècle).
(British Museum, Harl. Chart. 44. H 53)

Sceau : rond de 0,05 de diamètre, cire rouge. Suppliant à genoux à gauche, de trois quarts devant la croix à double branche plantée sur un monticule. Entre les branches de la croix se distinguent des caractères frustes, mais qui, selon toute vraisemblance, sont la même inscription que celle qui se lit sur le n° iii *a.*

Contre-sceau : il n'y en a pas.

II. — Gualterus (xiie siècle).
(British Museum, Harl. Chart. 83. D 40) (1)

Sceau : cire rouge de 0,052 de hauteur et de 0,055 de largeur ; suppliant à genoux, les mains jointes, regardant à droite, devant la croix à doubles branches. Entre la hampe de la croix et le cercle qui sépare le motif central de la légende, sont gravés l'α et l'ω, mais à rebours, l'ω étant le plus près de la hampe de la croix. Légende entre deux cercles ; on distingue : ✝ s. walteri pr . . is . . . . . ihrl'm in anglia.

Contre-sceau : n'existe pas.

Voir à la planche ci-jointe, n° 1, la reproduction de ce sceau.

III *a.* — Garnerius de Neapoli (10 avril 1185).
(British Museum, Harl. Chart. 43. I 38)

Sceau : cire rouge de 0,052 de diamètre ; suppliant à genoux, à gauche, devant une croix à doubles branches, placée sur un

(1) Le document auquel est appendu ce sceau est indiqué dans Dugdale, *Monasticon anglicanum* iv, 80.

monticule. Ce monticule affecte la forme d'une coupole, que soutient un ordre différent d'architecture. Il est probable que l'on a voulu figurer le Saint Sépulcre. — Les branches de la croix contiennent une inscription ainsi disposée:

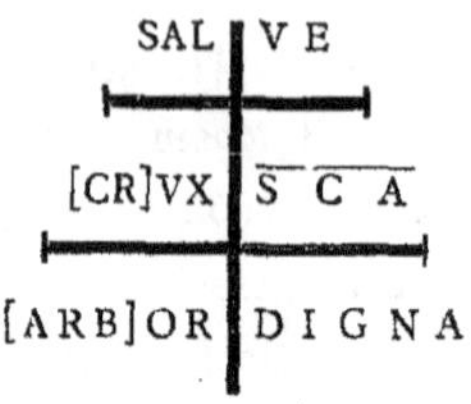

La légende, entre deux cercles est: ✠ SIGILL PRIORIS FRATRVM HOSPITAL ...... ANGLIA. — Les trois lettres *a*, *t* et *r* du mot *fratrum* sont conjuguées; il en est de même de l'*a* et de l'*n* du mot *anglia*.

Contre-sceau: il n'y en a pas.

Voir la reproduction de ce sceau, en tête de ce travail, n° 2. M. Herquet, d'après Paciaudi (III, 111), donne la description d'un sceau de Garnier de Naplouse. C'est le même sceau que celui que nous avons reproduit, mais la description et l'interprétation des légendes sont erronées (1).

b. — LE MÊME (1189).

(British Museum, Add. Chart. 13932)

Sceau: cire brune, oblong, de 0,03 de haut sur 0,019 de large. Il représente un petit médaillon, presque rond, de 12 millimètres sur 13, dans lequel est inscrit un monogramme d'un travail grossier.

Contre-sceau: il n'y en a pas.

(1) K. Herquet, *Chronologie der Grossmeister*, p. 29.

IV *a.* — ALANUS (septembre 1190).
(British Museum, Add. Chart. 7208)

Sceau: cire verte, de 0,03 de diamètre; suppliant à genoux, à gauche etc. (Voir le n° III *a*).

Contre-sceau: au milieu, tête de face, barbue et avec de longs cheveux, représentant saint Jean Baptiste, en relief assez prononcé. La légende est: SIG ALANI PRIORIS HOSP......

b. — LE MÊME (septembre 1199).
(British Museum, Cotton VII, 5)

Sceau: cire jaune, de 0,05 de diamètre, assez fruste sur les bords; suppliant à genoux à gauche, devant la croix etc. (Voir le n° I). Légendes frustes.

Voir la reproduction ci-jointe, n° 3.

Contre-sceau: de 0,05 de diamètre, au type de la tête de saint Jean de face, barbue, etc. (Voir le n° IV *a*). La légende, entre deux cercles concentriques, est illisible. Ce type de contre-sceau est encore assez grossier. La reproduction que nous en donnons ci-jointe (n° 4), est empruntée à un sceau postérieur, et donne le type dans toute sa perfection. Il est probable que ce sceau est le même que le précédent; mais on ne saurait l'affirmer avec certitude dans l'état de conservation où ils nous sont parvenus l'un et l'autre.

V. — RICARDUS TURCUS (dernières années du XII° siècle).
(British Museum, Add. Chart. 21643)

Sceau: cire rouge, de 0,045 de hauteur et de 0,042 de largeur: suppliant à genoux, les mains élevées devant une croix à doubles branches, placée sur un autel. Il est tourné vers la droite; au-dessus de sa tête on aperçoit un ange. La légende, entre deux cercles, est: SIGILLVM RICAR........ PR...........

Contre-sceau : de 0,022 de largeur sur 0,026 de hauteur. Pierre gravée, tête d'homme de profil à droite. Légende entre deux cercles ; on lit : ⊹ CAR . . . . I STE.

VI. — Hugo de Alneto (1216).
(British Museum, Harl. Chart. 83 A 33)

Sceau : cire verte, de 0,042 de hauteur et de 0,04 de largeur ; tête de saint Jean, de face, barbue et aux longs cheveux (comme au n° IV *a*), accompagnée d'une étoile et d'un croissant. Légende : . . . . PRIO. . . . PIXL : IERL'[M IN] ANGL' . . Le *t* et l'*a* du mot *hospitalis* sont conjugués.

Contre-sceau : oblong, de 0,03 de largeur sur 0,038 de hauteur. Représentation du Bon Pasteur nimbé, de face, vu jusqu'à mi-jambes ; de la main gauche il tient une palme, de la droite une houlette et un agneau au haut de sa houlette. La légende, entre deux cercles, est : ⊹ S'. FRATRIS HUGONIS DE ALNETO.

VII. — Terricus de Nussa (xiiie siècle, vers 1237).
(British Museum, Sloane xxxii, 25)

Sceau : cire verte, de 0,03 de diamètre, au type de la tête de Saint-Jean, barbue et chevelue, de face, comme dans plusieurs sceaux (voir n°s IV *a* et *b*, VI). La légende, entre deux cercles, est : ⊹ S : PRIORIS : HOSPIXL' : IERL' : IN ANGL'. Le *t* et l'*a* du mot *hospitalis* sont conjugués. La droite de la tête est accompagnée d'une étoile, la gauche d'un croissant. Entre la tête et la légende des pointes de clous forment une ornementation circulaire.

(Voir la reproduction de ce sceau, n° 4.)

Contre-sceau : rond, de 0,03 de diamètre ; au centre un heaume surmonté d'une tête de chien et de lambrequins. Légende entre deux cercles : S' : F : T : DE : NVSSA : PRIORIS ANGL'E.

Une imitation de ce sceau, faite probablement au xve siècle, est appendue à une charte du British Museum (*Add. Chart.*

15521). Charte et sceau semblent également faux. Le diamètre du sceau est de 0,043, le revers est fruste.

VIII. — R[OBERTUS] DE VEER (4 août 1272).

(British Museum, Harl. Chart. 44 E 22)

Sceau: rond, de cire brune, de 0,025 de diamètre, au type armorial ; les armoiries sont trois roses, posées 2 et 1.

Contre-sceau: il n'y en a pas.

SCEAUX ANGLAIS DE L'ORDRE DE L'HOPITAL

Héliog. Dujardin. Imp. Eudes